DEL SEXO AL AMOR

Isaac Aiza

Contenido

Capítulo 1

Hacer el amor no es para tanto,
es para siempre

En plena primavera y a pocas semanas de acabar la carrera me encuentro enfrente del espejo del baño; no me gusta lo que veo, aunque tampoco es que me desagrade del todo, francamente me cuesta mirarme a los ojos.

Me decido a coger la maleta rumbo a clase, con la costumbre ya de evitar el desayuno, cuando mi madre me detiene enfrente de la puerta, me sonríe y con una cálida voz capaz de abrazar a cualquiera, me dice:

— Tranquilo, todo irá bien.

Le respondo con una sonrisa apagada y me dirijo a la facultad con la cabeza baja.

No he sido nunca lo que comúnmente en las tribus de adolescentes se conoce como popular, pero tampoco he pasado desapercibido, creo que soy lo que generalmente se llama un "chico estándar"; no tengo nada especialmente llamativo, ni para bien ni para mal, o eso creía.

— ¿Qué queréis que os cuente sobre mi día a día?

Ya sabéis muchos como es la universidad, con sus pros y contras, lo mejor de ahora es que mi relación con ella, de tonos más bien tóxicos, tenía los días contados.

Por lo demás, nada singularmente destacable; deporte por las tardes, videojuegos, películas, alguna que otra lectura suelta y a falta de monte, tocaba hacer el cabra de vez en cuando con los colegas.

Mi generación ha sido de las primeras dotadas de una de las mayores invenciones humanas: Internet.

Por suerte, nos hemos quedado a medio camino como unos híbridos "homotechnicus" y viendo ahora a las siguientes generaciones zombis-tecnológicos, miedo me da saber cuándo una IA suprahumana nos acabe dominando.

Al caso, que hablando de tecnología puedo así aprovechar y enlazar el comienzo de mi historia, bueno, más bien dicho viaje, el cual me acabó transformando en la persona que soy ahora, la que seré en un futuro y me incitó a escribir este mismo libro.

Es de noche, en casa reina el silencio, lo cual es percibido somáticamente como una llamada a mi ser más interior.

Saco el portátil, el cual lleva una pegatina en la cámara, abro una pestaña de incógnito y creo que con ese par de pequeños detalles ya os podéis percatar de la escena que viene a continuación.

No busco nada en concreto, simplemente necesito de algún tipo de estímulo externo que se comunique con mi entrepierna para poder desarrollar la aventura en solitario. Ya que, sinceramente, la imaginación esa noche no estaba del todo de mi parte y a falta de lucidez buena es la pornografía gratuita.

No sigo un patrón fijo, sino que la aleatoriedad se apodera de mi mano para poder llegar a un estado el cual conocía, o creía conocer, bastante bien.

Sin previo aviso, justo antes del fogueo final, mi ordenador enloquece y la pantalla se vuelve blanca.

De repente, para mi sorpresa, unas letras empiezan a aparecer en la misma.

A,S,M,E,... no entiendo nada; y al disponerme a reiniciar el aparato (a la par que mi triste erección se desvanecía) la recién frase formada me bloquea durante unos segundos.

¿Sabes qué es hacer el amor?

La frase me llena de rabia y tristeza; pues claro que lo sabía, simplemente es cuando un hombre y una mujer tienen una relación sexual. —respondía mi voz interior balbuceando.

Conocía la teoría, aunque nunca la había llevado a la práctica; ya sea por miedo o por...

Le doy clic al sí y las palabras empiezan a sustituirse unas por otras.

¿Quieres aprender a hacer el amor?

Ignorando una de las respuestas y ya plenamente intrigado, no dudo ni un instante y le vuelvo a dar nuevamente al sí.

De repente, todo mi alrededor se volvió inerte y el ambiente empezó a disiparse fugazmente.

Al abrir de nuevo los ojos o al percatarme de la luz ambiental, me di cuenta de que tenía delante de mí tres puertas de distinto material, forma y color; cada una de ellas con una pareja de palabras grabadas a la altura de los ojos. Me quedé paralizado unos pocos instantes.

Escéptico de mí sabía que eso era un sueño.

Vamos, eso no podía ser real. No es que hubiera nada extraño en la habitación, llanamente una sensación que recorría todo mi cuerpo me indicaba que eso no estaba ocurriendo realmente. De hecho, aparte de las puertas, no había nada más ahí; incluso el propio tiempo había escapado de esa antesala.

Poseído por un estímulo ajeno abro la primera de las puertas y entonces la veo, no quiero ni puedo decir nada, solamente la miro y me desvanezco.

Acto seguido me despierto en mi habitación; basta alzar la mirada unos instantes por la zona para darme cuenta de lo ocurrido. Una nueva mañana, un nuevo día, un mismo día.

Supongo que todo fue un sueño, uno tan bizarramente normal como se debe esperar del mundo inconsciente.

Cojo la bicicleta rumbo a la universidad. Cuando, al poner el pie en el pedal, mi vecina, qué por qué disimularlo, es muy atractiva, interrumpe mi salida y me dice que por favor le entregue el almuerzo a su hermano, el capullo de su hermano, mejor dicho; ya que se lo había dejado en la encimera de la cocina y ella sabía que íbamos a la misma clase.

A lo que, por una extraña energía, le respondo en tono jocoso que aceptaba la tarea si a cambio teníamos una cita esa misma noche.

Para mi asombro, ella me responde con un simple y seco sí y se vuelve de nuevo a su casa.

Me quedé perplejo unos instantes.

— ¿Podía ser que la chica más guapa del vecindario, con la cual yo me había masturbado pensando en ella infinidad de noches solitarias, acababa de aceptar tener una velada nocturna conmigo?

Mi cerebro se desconectó durante todo el trayecto a la universidad donde, al entrar en la primera clase, me dirigí directamente al hermano de mi cita, que en esos momentos se encontraba al lado de su novia, y le di el paquete, aceptando como moneda de cambio alguno de sus insultos sin ensayo alguno y, por parte de su compañera, una cálida mueca.

Otra cosa más a añadir a la lista de "Nada nuevo importante en mi vida".

No me acuerdo mucho más de todo ese día hasta bien entrada la tarde, ya que tampoco podía pensar en otra cosa que no fuera lo ocurrido de buena mañana, me había dicho que sí, a mí, una chica y no una cualquiera.

— Qué ganas tenía de que llegara la noche.

(En ese instante, ni en ningún otro, me percaté de que podía haber sido toda una broma de mal gusto; pero bueno, supongo que la personita que vivía en mi cabeza no quería darme otra desilusión.)

El gran momento llegó y la verdad es que me puse bien guapete para la ocasión.

Llevaba puesta la única camisa blanca que había en mi armario, unos tejanos azul oscuro slim-fit y unos zapatos bien marrones a la par que cómodos.

Todo ello adornado de una fragancia, tan sutil como provocadora, proporcionada por la colonia que mi padre solía ponerse los días que salíamos a comer en familia.

Me dirigí a su casa, donde empecé a sudar nada más acercarme a la puerta. Francamente, me encontraba con gran cantidad de terror y euforia a partes iguales.

Sinceramente no me acuerdo bien bien cómo fue la cosa y tampoco os quiero aburrir con detalles insignif-icantes de charlas banales junto a vino barato de su-permercado.

A lo que estáis esperando oír de manera expectante se podría haber definido perfectamente y de manera elegante en dos palabras: escueto y sucinto.

Una amalgama de pensamientos y sentimientos inundaba mi ser; aunque ninguno llegaba ni siquiera a distraerme de ese momento.

Esperé a sentir algo, una revelación o una señal, pero todo permaneció intacto dentro de mí; como mucho noté una ligera liberación al verse desprendida la etiqueta de virgen de mi espalda. En cuanto a mi compañera de cama, le bastó un leve suspiro y una mirada al móvil para seguir existiendo como si no hubiera pasado absolutamente nada.

Como si de un cachorro con su dueño se tratara, no tardé en decirle que me gustaría seguir viéndonos y ella me respondió con el mismo y simple sí de la otra vez.

Nos vestimos y despedimos cada uno por su lado y me fui dirección a casa; no sin antes dar un leve paseo por el vecindario con el objetivo de asimilar lo sucedido.

Cabe mencionar que no obtuve ni un ápice de sueño esa noche.

La luz mañanera junto al olor de unas exquisitas magdalenas caseras sirvió como buenos digestivos de la noche anterior. Sin poder evitarlo, emanaba de mi boca una estúpida sonrisa sin ton ni son.

Estaba feliz o al menos así me sentía.

Ya en la universidad y enfrente de mi taquilla, ocurrió algo de lo más inesperado.

Unas voces y pasos se acercaban a mí sin temor alguno.

— ¡Túúúúú! ¡Cómo cojones te atreves a hacerlo!

Me giré rápidamente y vi a la última persona de la universidad que pensaba que me iba a dirigir la palabra, alias "el chulito de clase", con unos ojos inyectados de la más absoluta cólera.

Antes de ni siquiera percatarme de lo que estaba ocurriendo; un violento derechazo acarició con fuerza mi mandíbula, cuya energía me conectó directamente con el frío suelo del pasillo.

Nada más incorporarme, con una de mis comisuras labiales regalando sangre fresca, tenía delante de mí un toro embravecido listo para la siguiente cornada.

— ¡Cómo coño te atreves a follarte a mi chica!

El eco de la frase recorrió hasta la última de las paredes del edificio. Como si de un imán se tratase, mi mirada apuntó a lo único que no permanecía borroso en mi campo visual: mi vecina. Su rostro me lo contó todo.

Cerré los ojos, inspiré lentamente y despejé todo canal de mi persona para que pudiese llenarse de lo único que pedía mi cuerpo: rabia.

Acto seguido, convertido en una marioneta manipulada por filamentos de ira madura, cruzamos miradas y solté:

¡Cómeme los huevos!

Para mi asombro, la respuesta de mi rival fue la de empezar a inclinarse y agacharse con la intención de cumplir mi falso deseo.

¿Qué estaba pasando?

Lo aparté ligeramente y le dije que se detuviera.

La fiera, transmutada ahora en un cachorro asustadizo, miró a su alrededor; era la diana bajo la mirada de todos los estudiantes presentes. Sin decir ni pío, dio media vuelta y volvió a la misma sombra de la que había emergido.

Mi escena continuó con la única acción posible: marcharse.

Mientras iba vacilando por los alrededores de la facultad una lucha entre mis dos hemisferios tenía lugar. Tras unos instantes, la disputa acabó en forma de pacto donde me obligaron a dar expresión a mi vena más científica.

Así pues, me dirigí a mi cafetería habitual (no la de la universidad, que ahí el café era imbebible) para poner en práctica mi experimento.

Me senté en mi mesa y se me acercó la misma camarera de todas las mañanas.

¿Hoy tampoco vas a clase? —me preguntó.

Antes de que pudiera responder; un trapito con liliums blancos bordados invadió mi espacio personal.

"El café vampírico solo lo servimos a partir de medianoche o en Halloween" —me dijo la bromista de turno.

Acepté su ofrenda con un ligero gracias y tras limpiarme los restos de sangre de boca y cuello recordé mi misión actual.

Ponme un cortado con azúcar moreno —le dije.

Al traerlo puse en marcha mi plan, saqué mis nulas dotes teatrales y en tono de ejecutivo serio solté:

"Te he pedido un cappuccino, ¿Sabes qué? Ahora me vas a preparar uno y encima me lo vas a servir gratuita- mente".

Por supuesto, ahora mismo. —dijo ella sin pensárselo dos veces. Funcionó, realmente funcionó.

Al terminar de manera gratificante mi bebida era hora de quitar la palabra casualidad a lo ocurrido y volví a meterme en la facultad, omitiendo todo estímulo exter- no, directo a la oficina del decano.

Esta vez fui incluso más directo y tajante y le facilité mis datos para que me aprobara lo que quedaba de curso y pudiera graduarme sin volver a pisar ese endiablado terreno estudiantil.

Otro éxito e hipótesis validada; ahora sí que sí, esto se había vuelto de lo más real.

Como cualquier persona sensata, hombre en este caso, al descubrir que podía controlar a la gente hice lo que mi universo me pedía que hiciera: enamorar a mi crush.

Fui a verla por segunda noche consecutiva pero no como el mismo chico acongojado de siempre, la verdad es que me sentía muy cómodo, tranquilo, incluso superior se podría decir.

Ella me explicó lo sucedido, pero no me importaban sus ineficaces excusas y al terminar su discurso le propuse ser pareja, por supuesto, con la condición de estar únicamente conmigo. Como os lo estaréis imaginando aceptó sin rechistar y por fin pude decir a todo el mundo las tan ansiadas palabras que habían estado carcomiendo mi mente y envidiando cuerpos tanto tiempo: tengo novia.

Pasaron varios días de noviazgo, estupendos a mi parecer. Sinceramente nunca me hubiese dado cuenta de lo maravilloso que era estar en pareja hasta haberlo probado; aunque lamentablemente no tardé en darme cuenta de que algo no iba del todo bien.

Estábamos de nuevo en su casa, a punto de tener sexo por tercera vez consecutiva esa misma noche, a petición de un servidor

obviamente, pero me fijé que su sonrisa no se asemejaba a la mía, es más, eso parecía todo lo contrario a una sonrisa.

¿Cómo podía ser posible que se sintiera así en un momento tan espléndido como ese?

Le pedí que sonriera y así lo hizo. Le pedí que fuera feliz y así lo hizo.

Entonces aproveché ese punto de conexión para hacerle la gran reprimida pregunta:

¿Me quieres? —Le dije desde lo íntimo de mi persona. A lo que ella me respondió:

No, es más, no puedo ni quiero.

Esa lección vital era lo último que me esperaba; aprendí de golpe y de uno muy potente que las palabras no eran capaces de romper huesos, pero sí de despedazar almas.

Así pues, el halo de esa mujer cayó a mis pies y el bicho del amor murió sin ni siquiera alzar el vuelo.

Mordí vanamente mi labio inferior a modo de triste analgésico y falto de energía vital recurrí a recuperarla lo más prontamente posible.

¡Nooo, no puede ser, tienes que quererme! —chillé a los cuatro vientos.

El furor de mis palabras llegó hasta alcanzar al otro huésped de la casa; el cual no tardó en subir las escaleras y hacer acto de presencia en la habitación.

No es no señorito. —dijo su madre seriamente.

Imbuido de una furia sin igual le contesté en tono de supremacía absoluta:

A mí nadie me dice que no ¿Entendido? Es más; ¿Sabes qué? Ahora me gustaría que me acompañaras junto a tu hija, "por favor".

—Acató la orden sumisamente.

De rodillas, desnúdate y de momento solo observa cómo nos lo pasamos bien tu niña y yo —le solté sin ni siquiera mirarla.

Después, sencillamente me dejé llevar, o mejor dicho controlar, por mis sombras más oscuras.

Se podría decir que nunca antes había existido una unión tan próxima y penetrante entre madre e hija hasta la culminación de ese suceso.

¡Adiós! Espero que hayáis disfrutado tanto como yo. —dije burlescamente mientras me disponía a salir de la vivienda.

A partir de ese primer y único vagido de amor roto mi vida se volvió perfecta, o al menos, eso me parecía; pues, las cadenas se rompieron y quedó finalmente libre.

Quería dinero, drogas, mujeres, viajes,... Sin problema, lo tenía absolutamente todo, aquí y ahora.

Parecía como si fuera un dios, qué demonios, era uno, era el mejor de ellos; y las alabanzas, elogios y halagos de mis súbditos eran la prueba definitiva de ello.

Todo lo que me había sido facilitado gracias a la información sustraída en susodichas páginas web había sido catado de primera mano por mí; e incluso, había ido varios pasos más allá. Pero, luctuosamente, y a sorpresa mía, el sexo convencional o "vainilla", como se suele llamar, me empezó a aburrir enseguida.

Mi cuerpo pedía más y más deseos, cada uno mayor que el anterior. Pues, mi umbral de placer aumentaba considerablemente con cada ensayo sin que este alcanzara nunca el nivel de sobredosis.

El límite lo ponía mi imaginación, mi perversa, deprava-da e insaciable imaginación; la cual me compelió a cometer atrocidades tan crueles capaces de conmocionar al mismismo marqués.

Hombre, mujer, joven, vieja, fea, linda, una, varias, placer, dolor... los adjetivos y las etiquetas habían dejado de existir en mi vida sexual y lo mismo me sucedió a nivel vital de manera farragosa.

En ese instante, solamente nos encontrábamos mi pequeño yo y mis anhelos falocéntricos actuales.

Pero con el curso del tiempo y tampoco en mucha cantidad de este, mi ciclo hedonista y mundano de continuas orgías viciosas acabó también por terminar desapareciendo.

Me faltaba algo, pero no sabía lo que era. Lo tenía todo, pero a la vez no tenía nada.

Podía controlar, podía poseer, pero no podía querer ni obligar a hacerlo. Un "nodus tollens" en toda regla, adornado de toques de nihilismo y decadencia absoluta, sumía mi ser en una profunda e impotente desesperación.

La propia naturaleza, la cual me había regalado tanto de manera altruista y sin ser yo consciente, finalmente me dio la espalda.

Comprendí que recibir no implicaba la existencia de amor pues en una conexión verdadera no hay lugar para la imposición.

Mi parte narcisista se llenó de autodesprecio debido a la bajeza de mis acciones y la traición sobre mi remordida persona se me hizo más evidente todavía.

No podéis imaginar cuán afligido se puede llegar a sentir uno cuando es humillado y rechazado por sí mismo dentro de su propio círculo infernal de autocorrupción.

Donde toda palabra se volvía una mentira, la felicidad en denegación merecida y la vida una insoportable pesadilla.

Aun así, era un castigo bien justo, digno del peor ostracismo del mejor pesimismo.

Nadie me había enseñado a amar —manifestaron mis lágrimas.

Pero, en la misma superficie de mi alma, aquello se declaró como una falacia, vulgar y vacía, de mi propio ego.

Lo siento —me dijo el corazón.

Fue entonces, en ese preciso momento, cuando fui capaz de romper el cálido hielo.

Cómo describirlo, no, no puedo, es tan...

Esto era lo que estaba buscando todo este tiempo, al fin — exclamé mientras se me escapaba una estúpida sonrisa interfecta.

Volví a presenciar mi propio nacimiento y acabé aceptando que no es el qué, ni incluso el quién, sino el porqué.

No pertenezco a este sitio. —me dije a mi mismo sin mostrar emoción alguna.

Así pues, catarsis iniciada, rompí los barrotes de mi jaula de oro, el cisne dejó de cantar y proseguí mi marcha hacia un nuevo y desconocido universo listo para ser explorado por mi espíritu renovado.

Empecé a ser feliz cuando comprendí que todo está donde debe estar

La batalla entre el amor y el ego no existe, no pueden encontrarse porque están en un plano universal distinto. Uno suprime y el otro entrega.

El ego, y todo lo que emana, es como un paraguas, piensas en él solo cuando lo necesitas. En cambio, el amor, el verdadero amor, siempre está presente si dejamos que nos penetre holísticamente. Recuerda, el odio siempre se conquista con amor, pues el amor es lo único capaz de disolver y dar muerte al ego.

Tus deseos y exigencias siempre surgen del ego. No pidas, da. No sufras, acepta.

Hay que amar lo que hay y lo que se es.

Hemos de dejar de hacer equilibrismo entre el miedo a vivir y el miedo a morir.

La vida y la muerte son dos caras de la misma moneda y ambas son iguales ante la naturaleza. No hay que temer a la muerte si no abrazarla ya que esta nos puede enseñar tanto como la vida misma. O amamos o perecemos; y cuando nos despidamos que sea con una sonrisa dibujada en la cara sin importar momento, lugar o situación. Por consiguiente, toca emprender un enfrentamiento constante con tu ego que va a durar toda la vida, donde habrá triunfos y derrotas, pero nunca debe de haber abandonos.

Cada momento es el más importante de tu vida; pues el pasado está muerto y el futuro no existe.

No te fíes del pasado pues los recuerdos se encuentran distorsionados, ni confíes en el futuro pues la mente te hará ver el suyo. Solo recuerda quién eres, pues el final del camino no es la muerte sino el olvido.

Así como un perro se encuentra mucho más feliz mientras le estás ofreciendo la comida que mientras se encuentra comiendo; hemos

de traspasar del bien-tener al bien-estar. Donde la energía pasa del hacer al ser.

Donde el amor no se expresa ni se entrega, sino que forma parte de uno mismo. Donde todos y cada uno de nosotros estamos conectados; y el tiempo y el espacio no son capaces de separarnos porque dejamos de ser uno para ser todo.

Capítulo 2

E mpatía corRELACIONal

"Sonder", la historia entre historias

La empatía no funciona como vía unilateral y tampoco lo hace mediante puente entre personas.

Los cuerpos se encuentran separados físicamente y no es el acto sexual lo que más los puede unir sino una conexión que va más allá de lo carnal; llámale alma, espíritu, energía,... El nombre es irrelevante; ese nexo no necesita ninguna etiqueta para poder vivir.

Del mismo modo que existe lo físico y tangible, también existe lo inmaterial e incorpóreo.

Que algo no se pueda tocar, observar o analizar no lo hace menos real; es más, incluso esas "no cualidades" vuelven a ese "objeto" mucho más poderoso.

Para darse cuenta de ello, basta con responder sinceramente a la pregunta de qué supone más dificultad si decir "te quiero" por primera vez o darte un nuevo capricho material por tu aniversario.

En este mismo instante, tenemos todo lo que necesitamos. Si queremos más o queremos otra cosa distinta a la actual, el mecanismo que sustenta esta mentalidad es el sufrimiento y la culpa manifestados a través de un malestar general al tratar de llenar un vacío creado por nosotros mismos.

En cambio, si vivimos desde el desapego se nos abre un nuevo mar de sensaciones, tales como: tranquilidad, paz, sosiego,... que nos hacen estar en plena armonía, con nosotros mismos y con el resto de seres.

Es paradójico que cuanto menos buscamos, más (nos)encontramos, pero así de divertido es el universo.

Nadie puede hacerte daño, salvo tú mismo.

Toda energía se alimenta de su propia fuerza, así como la violencia no genera más que mayor violencia, el amor lo hace con más amor. Por tanto, combatir la violencia con más violentamientos es un fútil gasto vital, esta hay que responderla con amor, pues la violencia busca contienda y el amor una respuesta; donde la mejor victoria es aquella donde se vence sin pelear.

No intérpretes, escucha.

No te dejes distraer por la punta del iceberg.

Sé honesto y sincero con todo lo que dices, haces y sientes y, por supuesto, estate siempre predispuesto a ver el lado bueno de las cosas.

El instinto incita, la razón guía y

el corazón decide.

Soltar es voluntad. Dejar ir es vivir.

Formamos parte de un engranaje cósmico, uno tan perfectamente elaborado que hasta la más mínima pieza es indispensable para su funcionamiento y no existe ningún reemplazo porque cada integrante es único y especial a su manera.

Donde no hay que encontrar un sitio en el que encajar sino aceptar el papel que nos ha tocado interpretar.

Cada uno de nosotros es el protagonista de su propia vida y, a la vez, pertenece a una función mayor en la que estamos todos representados, una hermosa obra llamada VIDA.

Hoy por ti, y mañana también

Desperté de golpe, como si de una reanimación de emergencia se tratase.

Así que aquí me ha devuelto el destino. —pensé en voz alta mientras observaba las conocidas puertas de ensueño.

A diferencia de la pasada visita, tampoco es que la "habitación" pudiera abarcar grandes cambios, esta vez el primer portal permanecía oculto o simplemente había desaparecido.

Mejor, no pensaba volver a entrar de todos modos —dijo mi mente.

Mi traviesa y espabilada inteligencia hizo que intentara colarme en la tercera puerta, pero fue una acción en vano.

Supongo que hay que seguir el orden por el que se rige la materia: las matemáticas.

Segunda puerta abierta y segunda vez que la pude ver; esta ocasión la imagen fue mucho más nítida y alcancé a observar cómo me regaló una afrodisíaca expresión de felicidad.

De vuelta en mi habitación, no tardó en nacer un interés interno por saber que me deparaba esta segunda aventura.

Fui directamente al baño a saludar a mi gemelo del mundo de los espejos y no percaté nada fuera de lo inusual, seguía siendo humano, buena señal.

Dejé jugar unos instantes a mis ojos para que pudieran observar bien a la persona del otro lado.

Así que este soy yo —pensé.

Sonreí y bajé directamente a desayunar.

¡Ou! —Se me escapó inconscientemente una bocanada de aire por la boca.

Mi madre tenía una especie de aura de color bordeándola, un tipo de verde rosáceo.

—¿Estás bien? —le pregunté mientras me servía el bol de fruta.

Claro hijo, ¿Has dormido a gusto? He escuchado como hablabas en sueños.

Sí, no pasa nada, una noche extraña.

Pasé el desayuno en silencio observando el colorido manto de mi madre.

Bueno me voy a ir yendo, ¿vale?

Perfecto, no te olvides la mochila.

Gracias, adiós.

Adiós, que te vaya bien el día.

Yo también mamá —le dije sonrojado.

¿Tú también qué?

No me hagas decirlo, porfi. —dije ya avergonzado.

¿Decir qué?

Está bieeen, yo también te quiero.

Anda, el señorito se ha levantado telépata. —me dijo felizmente sorprendida.

Bueno, es que es fácil saber si uno se siente querido. —le respondí mientras le devolvía la sonrisa.

«Así que puedo ver colores en la gente y leer sus pensamientos. Más raro e interesante no se puede poner la cosa.» —me dije mientras cogía la bici.

Oye, ¿Podrías...?

...Dar el almuerzo a tu hermano, sin problema—dije enlazando sus palabras.

¿Cómo sabías qué? Bueno, da igual, gracias.

Azul, mi vecina estaba rodeada de una niebla azulada.

¿Porquéamí?—leescuchédecir,másbienpensar, lamentándose mientras se alejaba.

¿Estás bien? —le pregunté.

Claro, mírame, no podría ser más feliz ahora mismo. —me soltó mientras me lanzaba un gesto de vaga incredulidad.

Rojo, rojo intenso, así me encontré al hermano de mi vecina.

Ten, te dejo aquí tu almuerzo. ¡Ah! Y te dejo también un par de magdalenas caseras que ha hecho mi madre esta mañana, seguro que te dan energías para el entrenamiento de esta tarde.

«Y ahora toca el insulto del día; a ver que se le ocurre hoy al genio.»

—dijo la voz de mi cabeza expectante.

Esto, gracias. —me dijo de manera seca y sin ni siquiera dirigirme la mirada.

«Mmm, vale esto sí que no me lo esperaba.»

Odio, odio todo esto, uff, los odio —gritó su hostil mente mientras me iba sentando en mi pupitre.

Negro, oscuro negro.

Soy unas mierdas, dioos, cómo puedo seguir viviendo así. —Se lamentaba el mohíno cerebro del "chulito" de clase.

En la hora del descanso y ya habiendo analizado y relacionado el tema de los colores (los cuales a distancia se podían transmitir a través de olores) y de los pensamientos de la gente me di cuenta de ciertas cosas la mar de interesantes.

Me sorprendió descubrir que paradójicamente mucha gente aparentaba lo contrario a lo que pensaba o sentía.

Por ejemplo, la gente que parecía valiente solía tener miedo, la que parecía feliz, ocultaba tristeza y la que parecía tenerlo todo, abarcaba más pobreza interna que otra cosa.

Acercándome ya a mi cafetería habitual, un aroma exquisito me embriagó por completo de placer: vainilla y canela. Se me hizo la boca agua. No me digas que han vuelto a hacer el pastel ese que tanto me gusta.

Pero antes de que pudiera poner un pie en el local y saborear esa culinaria gloria celestial, un mensaje electrónico interrumpió mi conexión con el más allá e hizo que me quedara en el más aquí

obligándome a realizar un recado y dejándome con las ganas de probar esa porción de dulce y exquisita creación de repostería.

Volveremos a encontrarnos señorita tarta, lo juro. A la postre, estamos unidos por un hilo tejido de destino. —dijo mi voz cantautora mientras me iba alejando de sus dominios.

De camino a casa recordé en pasar a recoger el túper que le dejé a mi vecino para las magdalenas.

Y fue entonces cuando se me ocurrió la maravillosa idea de utilizar mis "poderes" para algo más que aumentar mi conocimiento sobre la vida de la gente.

Vengo a recoger el túper —dije a la primera persona que me recibió.

Mi hermano dice que muchas gracias, que estaban muy ricas — me respondió.

Que bien, me alegro de que le gustaran. Esto, emm, té. —le dije mientras le ofrecía un peluchito en forma de emoji feliz.

Dicen que una buena sonrisa y una charla siempre vienen bien; así que, si te apetece algún día de estos tomar un café y me cuentas cosillas tuyas estaría encantado de escucharte, realmente no sé cómo puede ser que hayamos sido vecinos tanto tiempo y no hayamos hecho nunca nada de esto.

Vale, pues sí, la verdad es que estaría bien. Quiero, bueno, necesito hablar y soltar ciertas cosas a alguien, pero no quiero ahora decirle nada a mis amigas y me gustaría saber la opinión masculina sobre un tema.

Dos cafés más tarde y un proceso de escucha activa permanente hizo que custodiara la confesión de mi vecina en mi cabeza con el objetivo de ser contada ante un profesional.

Palabras como abusos, acosos, maltratos y traumas permanentes, entre otras, estuvieron en la mesa de la consulta mientras su "secreto" era revelado.

Sesiones más tarde, puede ver como ese pequeño empujoncito personal hizo crear una bola de nieve cada vez más grande hasta llegar a conformar un alud de emociones desapegadas.

Ya fuera por mi misericordia o por su gracia, o ambas, tras pasar unas cuantas semanas empezamos a salir de manera no-oficial (lo hacíamos a escondidas del público, ya que ella aún no se sentía preparada).

Conociendo lo que pensaba y sentía me fue relativamente fácil elaborar exquisitas citas y momentos extraordinarios. Sabía qué, cómo y cuándo decir las cosas de la manera más apropiada para ella.

Por ejemplo, no saqué en ningún momento ninguna referencia ni expectativa sexual, tampoco buscaba sonsacarle su privacidad, ni le presionaba en ningún aspecto, dejando que su comodidad estuviera a gusto con la mía.

Me encontraba como un pasajero de tren y aunque desconocía cuál iba a ser la próxima parada me encontraba a gusto en mi asiento observando el cambio de paisaje que se me iba otorgando.

Gracias de corazón, por todo. De verdad, me siento tan bien ahora mismo a tu lado —me dijo al llegar al portal de su casa.

De nada, ya te lo he dicho miles de veces que, si tú eres feliz, yo soy feliz. — le dije muditamente mientras calentaba su espalda con mis brazos.

A la que me di la vuelta una de sus manos agarró una de la mías. La inercia hizo voltearme de nuevo junto a ella y cuando las faces estuvieron lo suficientemente cerca, nuestros labios se abrazaron y dieron forma a un gran beso húmedo e intenso.

¿Por qué no me acompañas a la habitación? —me dijo su dulce niña interior.

Sinceramente, después de lo vivido en mi otra vida, no estaba muy por la labor en ese campo, pero sentí un fuerte anhelo por su parte

así que acepté la ofrenda con el objetivo de complacerla.

Con el mismo vestido de nacimiento, yacía en la cama con los brazos estirados y las piernas semi flexionadas a la par que abiertas.

Soy tuya, haz lo que quieras conmigo.

Sabía muy bien qué significaban esas palabras y aquella entrega, profunda pero incompleta, tenía parte de su origen en la esperanza y parte en la culpa.

¿Qué te gustaría que hiciera? — le susurré al oído intensamente. La pregunta activó su mecanismo de sorpresa.

Nadie hasta la fecha le había preguntado que le gustaba hacer en la cama previamente; hasta entonces, simplemente se había dejado llevar por la fuerza energética de la otra persona.

Tras recoger las palabras de su boca, junto con el conocimiento de sus pensamientos y coloridos mensajes, satisface todos y cada uno de sus deseos, tanto manifestados como desconocidos, hasta que alcanzó un cenit de placer jamás experimentado voluntariamente.

Gracias. —me dijo su voz temblorosa tras el último de los múltiples orgasmos.

Entonces me di cuenta, estaba llorando.

Nuestra fusión carnal había hecho que afloraran todos sus ignorados sentimientos, los cuales emergieron hasta la superficie de su blanquecina piel para poder nutrirse de un baño de luz lunar y seguir sanando sus cicatrices más íntimas.

Finalmente, tras mantener una constante pelea con ella misma día sí y día también, su promiscuidad emocional dio paso a un amarillo chillón y jubiloso.

No sabéis cuánto me alegró ver esa milagrosa escena.

Con el corazón en la mano, se merecía todos y cada uno de los estados de clímax y éxtasis que el momento le pudiese ofrecer.

Aprendí el poder de la conexión y saber de antemano tanto pensamientos como sentimientos me facilitó mucho el camino.

Dado que, por ejemplo, al mantener una conversación bastaba con recopilar e interconectar todos los datos a mi disposición para que se me abrieran infinidades de sendas y sus variantes y llanamente me encargaba de escoger el más adecuado en cada situación encaminado por esas apachetas de piedras en equitativo equilibrio.

Al final, con la práctica, conectarme con alguien se volvió un gesto de total sprezzatura.

A raíz de todo ello empecé a estudiar psicología y otras especialidades pero con el tiempo dejé de definirme; no era ni coach, ni terapeuta, ni sexólogo,... puramente una persona que buscaba ayudar y guiar a la gente para que pudiera resolver sus problemas personales, burnouts y dolencias psicosomáticas a través de soluciones heurísticas y competentes.

Libros de mi puño y letra como "El Color de las Emociones", "Morriña Utópica" o "Mentir y Morir" se convirtieron rápidamente en best-sellers mundiales.

Mi éxito profesional me dio la oportunidad de realizar charlas alrededor del globo.

Donde, sencillamente, contaba con grandilocuencia todo aquello que me enseñaba la vida y le hacía ver a la gente que acudía a mí que detrás de todos esos "no puedo" se escondía un "no quiero", que cuanto más forzaban, más resistencia encontraban y que todo lo que sucedía en este universo era como un lienzo de un blanco neutro y nosotros unos pintores inexpertos.

En cuanto a nuestra relación, esta se presentaba idónea sobre el papel.

Pero mi codicia se convirtió en un arma de doble filo, la cual me llevó a la obsesión y a los celos; cualidades que no hicieron más que resaltar mi baja autoestima e inseguridad y por consiguiente me llevaron a una desmerecida falta de confianza y deslealtad.

Donde buscaba una prevención última y quimérica en vez de buscar una reducción del riesgo de discordia al sopesar íntegramente nuestra relación.

Pues, estando cerca de ella me sentía tan especial, como si me encontrara en el mismísimo centro del universo, pero cuando se alejaba me sentía tan congelado y mutilado que mis ganas de vivir se hacían añicos.

Había cumplido todas y cada una de las metas que un hombre moderno pudiera tener.

Una bonita casa, un buen coche, un reconocido trabajo y por supuesto, una encantadora esposa la cual me regaló una exquisita pareja de hijos.

Pero había una cosa, solamente una, que no había sido capaz de conseguir por muchos esfuerzos clarividentes que hubiera puesto en el asunto.

Había ayudado a tanta gente a cambiar de color y no podía soportar ver como el constante amarillo de mi mujer no se asemejaba al rosa de mis hijos.

Por supuesto que me alegraba cada segundo de felicidad que tenía en ese arcoíris sinestésico; pero no podía entender cómo, después de todo lo que me desvivía por ella y tanta responsabilidad afectiva puesta en la relación, nunca me mostró esa energía que tanto aspiraba a tener.

Pues, esta debía de haber recaído en el personaje que había ido creando el cual me había estado consumiendo y robando la misma; y ni toda la pedagogía e inteligencia emocional obtenida fueron capaces de detener ese patio lleno de juegos psicológicos en nuestra filofóbica relación.

Tras grabar ese bonito recuerdo familiar en mi cartera emocional, me fijé en algo tan evidente que había permanecido oculto todo este tiempo, el reflejo de mi persona no mostraba color alguno.

Es cierto que hasta ahora nunca me había fijado en lo que estaba sintiendo pues había estado demasiado ocupado con el terreno de los demás.

No eres tú, soy yo.

No eres tú la culpable de cómo me sienta, lo soy yo; no eres tú lo que buscaba, lo soy yo.

Pues tú eres tú y yo soy yo.

El adiós fue violento, pero justo, pues el tiempo juntos no se iba a recobrar, aunque seguiría siendo conservando por el salvador actor y la víctima actriz de nuestra historia.

Luego, se despedía mi resignada persona, pero no mi dolido corazón.

Te deseo lo mejor, me has cambiado y para bien; no sabes lo agradecido que estoy por haber compartido esta maravillosa vida contigo. — le contó entre alegrías y lamentos mi somatizado espíritu al suyo mientras salía por la puerta al encuentro de aquello que me había faltado en todo momento.

Capítulo 3

La distancia separa cuerpos,
no corazones

La comunicación, como cualquier cosa hecha con amor y dedicación, puede convertirse en un arte.

Los límites de tu lenguaje determinan los límites de tu mundo; puesto que si solo tienes un martillo tenderás a ver todos tus problemas como clavos.

Algo indispensable para poder mantener una buena conversación con alguien es estar en el mismo plano que la otra persona, especialmente en cuanto al desarrollo personal se refiere.

Pues si me encuentro en lo alto de un precipicio, me va a costar hablar con alguien que se encuentre abajo y viceversa; los términos se han de nivelar para que exista una comunicación fluida, apartada de toda obstinación, sin que nadie se encuentre aludido por las palabras del otro.

Cuando aprendes que llorar no hace a uno débil sino todo lo contrario, agradeces cada uno de los llantos porque te hacen sentir verdaderamente vivo; y cada vivencia que emana de tu ser hace brotar un nuevo recuerdo en forma de lágrimas.

Así pues, abrirnos a nuestros propios sentimientos es la única forma de estar en paz.

De igual modo que los pensamientos vienen y van por nuestra mente, también lo hacen los sentimientos en nuestro corazón.

Por tanto, de la misma manera que el mindfulness, o atención plena, funciona en la gestión de nuestros pensamientos.

¿Por qué no hacer lo mismo a nivel emocional?

Hemos de actuar como meros observadores, pues acumular ira, rencor, orgullo,... no lleva a ningún bien, es como pegar un puntapié a una roca, el único que sale perjudicado eres tú.

Y al final, nos daremos cuenta de que el miedo siempre se encuentra a la espalda de aquellos sentimientos más destructivos. Por tanto, es tan sencillo como ir dejando espacio para los sentimientos positivos mientras dejamos pasar los negativos.

El modo tradicional de cómo nos relacionamos dentro de la sociedad ha de cambiar radicalmente a un modelo más liberal y consciente, sólo así se podrá alcanzar una relación sana y exitosa; evitando caer en la adicción, acercándonos a la autarquía personal y la acracia social para dejar paso a la libertad absoluta.

Al terminar un capítulo de un libro puede gustarte más o menos, pero ¿Sabes qué?

Por muchas veces que lo vuelvas a leer el final siempre será el mismo, por tanto, hemos de pasar página cuando toca y tener como meta disfrutar, tanto de escribir como de leer, cada una de nuestras palabras de nuestra historia.

Y por ello, una relación "seria" no tiene que ver tanto con su duración sino con su intensidad y energía; una cita de una noche puede llegar a ser igual de importante que una de un año.

Hay que cuidar todas y cada una de nuestras relaciones. Pues, la única "venganza" que debe existir hacia nuestro pasado es la de disfrutar nuestra vida en el presente.

Una ruptura o un duelo no se supera en x etapas, sencillamente se acepta y se pone la mirada enfrente nuestra; pues no se puede borrar el pasado, ya que forma parte de nuestro ser, y nuestro pasado no nos define mientras estemos avanzando pues recordar permanentemente el dolor solo nos lleva a mantener nuestra angustia.

Ya te consideres demisexual, sapiosexual, pansexual, asexual, queer, hetero, homo, bi, trans,... y te identifiques como monógamo, poliamoroso, anarquista relacional,... no hay nada malo en ello, todas las opciones son válidas; somos como somos y que mejor que conocer y representar nuestro avatar tal y como lo concebimos.

¿Por qué ocultar nuestra auténtica belleza, nuestra naturaleza, nuestra identidad, nuestro yo?

Pues lo único más peligroso que dejar de ser uno mismo, es la propia consecuencia de ello, no ser capaz de sentir amor.

Cuanto más te conoces, más puedes conocer a la otra persona. Una buena comunicación es y debe ser un pilar fundamental en cualquier relación, junto a una confianza mutua y aliñado todo con una empatía correlacional hacen de ello unos elementos perfectos para que en tierra fértil pueda brotar y desarrollarse un nexo entre personas.

Aléjate de las suposiciones y supersticiones, pues estas te llevan a la incertidumbre y la incertidumbre a un ciclo en espiral y laberíntico bajo el manto del pensamiento rumiante; y para encontrar la salida uno solo debe hacer una cosa: sentir y dejarse guiar para convertirse en la expresión de sus metaemociones.

Nacemos con el derecho de tener relaciones sanas, plenas de satisfacción y amor.

Sentirse valorado y respetado en una relación es un estado subjetivo y, por difícil que cueste integrarlo, son creencias limitantes que ponen el foco hacia la otra persona. El valor y el respeto salen de uno mismo y, por supuesto, que nos merecemos sentirnos valorados y respetados, pero eso empieza por hacerlo con nosotros mismos.

Todos tenemos una parte más masculina y otra más femenina, una parte más yang y otro más yin.

Y entre el blanco y el negro hay infinidad de colores; y no hay uno mejor que otro, lo mismo pasa con las personas.

Nuestro sistema de creencias y paradigma universal nos define y, a la vez, estos se retroalimentan de nuestros sentimientos y emociones, tanto ocultos como conscientes basados en nuestras cavilaciones metacognitivas y nuestros designios metapoéticos; los cuales nos trasladan del cosmos surrealista al mundo onírico y del onirismo al espiritualismo.

No lo olvides, somos como imanes hechos de espejos; reflejamos y atraemos en la sociedad aquello que somos y aquello que querríamos ser.

Capítulo 4

M auerbauertraurigkeit

la ageusia social

Donde hay miedo no puede haber amor.

La soledad nace del miedo y este puede llegar a empujarnos a un pozo sin fondo y envolverlo todo en una infinita oscuridad.

Tu felicidad depende únicamente de ti.

De la misma manera que puedes ser infeliz en una vida aparentemente de ensueño, también puedes estar junto a una persona maravillosa y no sentir amor.

Conocerte es el primer y único paso para ser feliz.

Descubrir y comprender "a grandes rasgos" como eres y cuáles son tus deseos y miedos más ocultos hará que puedas emprender el camino hacia la verdadera felicidad y destino final de todo ser humano, comúnmente llamado: saber vivir.

Nuestra forma de pensar y sentir cambia nuestra realidad y esta a su vez modifica la forma en la que percibimos el mundo, tanto exterior como interior, regulando toda nuestra vida.

Somos nuestros propios jueces y verdugos, pues la verdadera justicia no existe salvo en ti.

Buscamos un sentido kármico en nuestras acciones, pero a las buenas personas no les pasan cosas malas, pues las cosas pasan y las personas reaccionan; lo de bueno o malo lo ponemos nosotros después ya que no vemos las cosas como son sino como somos.

Fuera prejuicios sociales y más ética y moral personales.

Tu bienestar y estilo de vida van a depender de las decisiones que tomes.

Deja de culpar(te), tanto a ti mismo como a los demás, y empieza a ser el responsable de tu felicidad y el cocreador de tu vida.

Haz que tu filosofía se convierta en tu religión; así como no es necesario ser religioso para ser espiritual, tampoco ser espiritual requiere convertirse en un "gurú", simplemente se necesita meditación y autoconciencia.

Meditar es estar presente, es aceptar el momento que tienes delante y abrazarlo, es observar tu alrededor y formar parte de él; donde uno no fuerza ni cambia nada, únicamente respira y se deja llevar. Así pues, cualquier momento en el que necesites respirar es una buena "excusa" para meditar, sentir y vivir.

Todos nosotros tenemos un límite; y ese límite es la mente. No obstante, llegado el momento, uno aprende que el poder de la mente es ilimitado y obtiene la fuerza de conseguir todo lo que se proponga. Entonces, será capaz de abrir su corazón a la vida y se sentirá pleno de felicidad y gratitud.

El autodescubrimiento es sencillamente la aceptación de la realidad y esta aceptación viene de la mano del amor. Amar lo que es, es aceptar lo que es.

Cede ante lo que es y lo que hay; pues los pensamientos que luchan contra la realidad son los que originan y dan energía a tu sufrimiento.

Tus percepciones cambian tu mundo; si proyectas amor, verás amor, si proyectas sufrimiento, sufrirás.

Amar o sufrir, la elección es tuya.

Menos es más, menos temer y más amar

Fue, nada más cerrar la puerta de mi antiguo hogar que me teletransporté de nuevo a la sala de las puertas. Tras girarme, la segunda de ellas imitó a su hermana y desapareció.

Esta vez no tardé ni un solo segundo en abrir la tercera y, nada más realizar dicha acción, ella me obsequió con un melodioso canto lleno de vitalidad.

Ya conocía la "rutina" del juego en el cual me encontraba y sin dubio alguno bajé directamente a saludar a mi querida madre sin siquiera pasar por mi rutina de ir al baño y realizar mi chequeo habitual.

Lo que me esperaba abajo, de entre todo lo posible que podía imaginarme, no estaba en la lista de mi creatividad; ya que, por no estar, era mi propia madre la que no se encontraba donde debería de encontrarse.

Alcé la voz para que esta pudiera encontrarla por mí, pero no hubo respuesta alguna. «Que raro, supongo que hoy le tocaba trabajar pronto.»

La casa no parecía ser la misma con tanto silencio, demasiado silencio; pero me di cuenta enseguida, aparte de ser abundante este era sumamente extraño.

Para no quedarme con la duda cogí el teléfono y llamé a mi padre, pero el aparato no mostraba señal alguna.

Por tal caso, decidí ir a casa de mi vecina y pedir apoyo, pero, tras salir al jardín, esa insólita sensación que tenía se volvió más singular todavía.

No se escuchaba ni una sola alma y, acto seguido, revisé el calendario del móvil, pero este no marcaba ninguna fecha especial. Tras golpear varias veces a la puerta de la casa contigua, sin ninguna contestación, mis sospechas se volvieron cada vez más reales.

¿Podría ser que me encontrara solo en el mundo y esta vez fuera de manera involuntaria?

El vecindario, la universidad, la cafetería, la ciudad, el país, el continente,... el planeta entero se había puesto de acuerdo para desvanecerse sin dejar rastro.

Por inusual que pueda parecer, no tardé en percatarme de lo positivo de la situación.

Vivido lo vivido, columbré ese escenario de persona non grata como algo idóneo para ser el capítulo final de mi aventura tragicómica particular.

Podía vivir según mis quehaceres personales, no dependía de nadie, ni nadie de mí y mi única preocupación en esa postura era la de mantenerme cuerdo manteniendo conversaciones, tanto reales como imaginarias, con mis múltiples alter-egos.

Pero lo bueno siempre se acaba ¿no?

Mi fuerza y voluntad, pasado su tiempo, se sintieron vencidas ante el abandono y el desamparado trance.

Me sentía perdido, sin rumbo, camino ni dirección a seguir.

Simples recuerdos como tomarse un café tranquilamente, una ronda de comentarios absurdos con los amigos, una llamada a mi abuela de recordatorio o la caricia de una mirada sublime e ingenua dejaron paso su inocencia para marcar un sinfín de huellas en mi deprimido corazón.

Ese dogma, en medio de mi soledad de lobo entre estepas, trajo de vuelta a mi memoria una historia que tuvo lugar en mi otra inconsciente realidad.

"Ahí estaba mi nefelibata persona, atraído por la tristeza de la habitación del hospital, no tardé en preguntarle a esa niña que es lo que estaba haciendo, a lo cual me respondió que estaba dibujando a su futura familia.

Y, efectivamente, al acercarme pude comprobar que era el dibujo de una familia, pero no una cualquiera, era una familia llena de felicidad y amor.

Tras marcharme pregunté por su diagnóstico y pronóstico; la respuesta que obtuve fue desesperanzadora. Su enfermedad no tenía cura aparente e iba apreciando como lentamente el veneno se

iba esparciendo por su indefenso cuerpo y me encontraba sin antídoto alguno.

En su silenciosa agonía, se aferraba a lo único que le quedaba en este mundo: su dibujo.

Entré y le pregunté cómo se encontraba y ella me dijo que estaba triste; a lo cual yo le pregunté el porqué y me contestó que era porque se iba a morir y no había encontrado a un hombre con quién formar esa familia.

¿Y por qué no vas a buscarlo? —le dije

Porque ni me han amado ni me amarán nunca.

—me respondió.

Eso no es cierto, ¿Y sabes por qué?

¿Por qué?

Porque yo te amo —exclamé mientras le sonreía.

¿De verdad? —me dijo con unos ojos bien abiertos a la vida.

De la buena. —le dije mientras le daba un beso en la frente.

Al día siguiente fui a saludarla de nuevo, pero me encontré la cama vacía pues había llegado el momento de su partida.

Años más tarde, me encontraba de celebración en las fiestas de la comunidad y durante toda la noche escuché cientos de historias distintas pero todas ellas tenían un elemento en común pues en esos panegíricos se mencionaba a una mujer, de corazón puro y caritativo, que les había ayudado a transformar sus vidas a mejor.

Entonces miré al cielo y sonreí; sin duda alguna, era ella."

La historia me dejó pensando cuan subestimamos el poder que llevamos dentro como si de superhéroes se tratase; donde algo que de primeras parece tan insignif- icante puede llegar a tener tanta repercusión.

El efecto mariposa.

Mi eterna espera se hastío de tanta melancolía y apatía; y me fui haciendo amigo poco a poco de la acción y en consiguiente de la sensación.

Anteriormente, cuando me encontraba a solas, ya sea conduciendo o saliendo a correr, siempre me rodeaba de música para sentirme más conectado; pero me di cuenta, de que no era conexión lo que buscaba sino una innatural evasión. Un ruido blanco que me dejaba oír, pero no escuchar.

Lo mismo me ocurría a la hora de hacer zapping en la televisión, redes sociales, apps de citas u otras formas de procrastinación banal; una ventana espía que me dejaba ver, pero no mirar.

Con la práctica, aprendí que suprimir estímulos innecesarios, retozar con la templanza y dejar la mente en estado consciente hacía unirse a uno mismo de manera excepcional; donde la desconexión se volvía conexión y la voz interior dejaba de molestar y empezaba a colaborar.

Nunca se me habría ocurrido darme cuenta de que el sol sigue brillando, aunque un mar de nubes me lo ocultasen.

Mis sentimientos negativos hacían lo mismo y eran responsables del bloqueo de mi luz innata, pero cuando fui capaz de eliminar la barrera dejé de ver los días soleados como buenos y los lluviosos como su némesis; ello me dejó apreciar la belleza de ambos.

Mi limerencia monolítica dejó de proyectarse y empezó a expandirse; así como mi subsidio personal se transformó en donación universal.

Ya no buscaba más, ni tampoco menos y observaba como todo mejoraba cuando le tocaba la hora de mejorar y encontré aquello tan profundo y olvidado que no sabía que poseía y que tanto me cohibía.

Habían pasado uno, quizás dos años desde la última vez que me encontraba en esa situación; pues el tiempo dejó de tener sentido tiempo atrás.

Pero me apetecía coger esa llamada, pues me encontraba en el lugar y momento idóneo para ello.

Ubicado en lo alto de una cordillera, en medio de un frondoso bosque que esperaba pacientemente el próximo atardecer y sin nada más puesto, salvo cuerpo y emociones, empecé a obsequiarme con un masaje ligero y sensitivo el cual repasó toda mi anatomía.

La cálida luz de las velas naturales avivó mi ardor interno y el aroma de las fragancias ambientales me otorgó frescura de vida.

El cuerpo hablaba y la mente escuchaba.

Una sensación orgásmica empezó a ascender por mi sistema nervioso llegando a superficies cerebrales para poder luego dilatarse por todo mi ser y regresar de nuevo a su hogar.

La conciencia, presente en todo momento, cosechó mi satiriasis emocional para que esta pudiera metamorfosearse en energía virginal.

Mi viaje continuó en forma de baño termal y explotó de amor al ver caer el sol por las colinas y macizos montañosos aserrados de alrededor; este concluyó arropado por fuego de leña, melodía de los clásicos, ojos dormidos y mente despierta.

Absorto por la dádiva del presente y hechizado por la hermosura de la vida, la maldición se rompió y el mal de ojo desapareció dándome la oportunidad de escapar del abismo.

Finalmente, la madre de todas las cosas, llegado el momento, me cogió en brazos mientras purgaba toda maleza de mi ser y me acompañó a cruzar las puertas del destino.

Capítulo 5

Nacemos para ser felices y vivimos para serlo aún más

Darse cuenta de lo especial que es estar vivo e integrar la noción de que cada uno de nosotros tiene su particular mundo personal son procesos fundamentales que nos llevan a nuestra propia individuación.

Ser capaz de ver la belleza en todas las personas, animales y seres vivos es connatural en nosotros; nuestra genética está marcada por aspectos biofílicos que nos dificultan el desafecto y facilitan la estima, pues nos diseñaron para amar no para odiar.

Todos nacemos con dos talentos, el del amor y el de nuestro propósito vital y así como uno lo vamos buscando, el otro nos va encontrando.

Empoderarse se basa en cuestionar nuestro alrededor y a nosotros mismos; y tener esa humilde ambición y esa valiente osadía para mostrar al mundo ese rol vital en nuestra mejor versión que nos otorgue la medalla de la unicidad.

Vive tu vida acorde con los quehaceres de la naturaleza; pues, es lo único que realmente puedes desempeñar voluntariamente. Nada externo a ti puede provocar alteración alguna.

Qué más da permanecer veinte, cien o mil años en este mundo si en vez de vivir simplemente existimos.

Vivir, reír y amar lo demás es opcional.

Ir en contra de las leyes de la naturaleza es ir en contra de la vida misma. Alcanzar el éxito en la vida es, por tanto, aceptar esas reglas mientras nos dejamos llevar en el río del tiempo presente. Si se

busca una vida llena de sentido se ha de buscar "fluir" en el momento, como si de una hoja transportada por el viento se tratara.

El tiempo lo pone todo en su sitio o, mejor dicho, la naturaleza pone todo en su sitio.

Las cosas frágiles (la inmensa mayoría artificiales) intentan sobrevivir, pero no tienen la capacidad de adaptarse; por muy bonita que sea una escultura de cristal, esta se va a romper llegado a cierto punto de daño.

Por otro lado, la cualidad de antifrágil es otorgada a aquella cosa, ser, institución,... a la cual le encanta la volatilidad (hasta cierto punto), se beneficia de cierta aleatoriedad y acorde con su referencia primigenia a la madre naturaleza, le gusta estar vivo y es menos afectado por las crisis venideras.

Tienes todo el tiempo que necesitas pues este es relativo y moldeable.

Como habrás comprobado cuando soñamos el tiempo se distorsiona, al aburrimos o pasarlo mal se ralentiza, pero cuando disfrutamos y estamos felices pasa mucho más rápido y cuando estamos conectados simplemente desaparece.

Hay que valorar cada momento antes de que se vuelva un recuerdo pues este es único, inigualable e irrepetible. La recompensa por disfrutar el ahora es poder disfrutar del después; pues nunca es demasiado tarde y ahora es siempre un buen momento.

Con lo que tienes ahora mismo tienes más que suficiente; si quieres más es por ego no por amor.

Y eso no significa no evolucionar, sino aceptar lo que se tiene ahora mismo para poder agradecer lo que vendrá a continuación.

La autofobia nos arruina por dentro.

Esa contaminación mental, esa infección corporal y esa infición del alma que se propaga por nuestro ser y nos lleva al deterioro

personal haciéndonos proclives a convertirnos en prisioneros dentro de nosotros mismos.

¿Por qué dejar que esos acervos superfluos tomen las riendas de nuestra vida? Es que a veces asumimos lo peor porque tememos a la esperanza en vez de pensar en positivo y ser indulgentes y piadosos con nosotros mismos; pues el autosabotearnos nos provoca esa astenia crónica la cual no hace más que degradarnos y destruirnos, tanto por dentro como por fuera.

Somos seres sociales y racionales al igual que animales políticos y pasionales. La gente no te va a apreciar por lo que tienes, ni tampoco por lo que haces sino por lo que eres. Por tanto, tú y solamente tú vas a ser quien decida qué, a quién y cómo vas a amar.

Capítulo 6

Mamihlapinatapai, la espera interminable

Estar en pareja es uno de los mayores desafíos de la vida; un reto constante, cuyo propósito es el crecimiento y maduración de las personas implicadas con la añadidura de la búsqueda de crear algo más allá de ambos mismos.

Sin lugar a duda estar en pareja es una elección, de las más difíciles, pero de las más bonitas que uno puede tomar en esta vida. Donde no hay que compensar, hay que regalar y para ello uno debe encontrarse en su propia completitud.

Quien no arriesga no ama, pues si no estás dispuesto a cometer riesgos es porque estás pensando más en lo que puedes perder que en lo que puedes ganar y es imposible ser ambicioso con el amor, pues este no tiene limitaciones.

Siempre es suficiente y nunca es demasiado; actuamos con libre albedrío sea cual sea la situación presente.

En la discusión del bien y el mal, si bien influenciada por el entorno, siempre sale prevaleciendo nuestro sentido vital.

Tener un porqué nos hace soportar cualquier cómo, de forma que, encontrar ese "porqué" y actuar en consecuencia postrará ante tus ojos el regalo de la vida.

Donde hay miedo, hay culpa; donde hay libertad, hay amor.

La sensación de "tener mariposas en el estómago" es maravillosa, mientras uno no se atragante con ellas, claro está. Y, puesto que

abrirse y sentir es un proceso inherente en nosotros, todos merecemos ser y sentirnos queridos a lo largo de nuestra existencia.

Somos incapaces de recibir y dar placer; pues este no se entrega ni se recoge, sino que se acepta y se agradece.

El placer se encuentra de manera intrínseca en todos nosotros. Por tanto, no podemos ofrecerlo, ya que estaríamos ofreciendo parte de nuestro ser, dejándonos así incompletos.

Podemos compartirlo, eso sí, y para ello, hacen falta dos (o más) seres enteros, sin carencias; que no busquen el placer del otro sino el de uno mismo.

Y ni mucho menos eso se puede asimilar como un acto egoísta, porque, a diferencia de algo extremo como una violación (de cualquier tipo), el ego no tiene lugar en el placer, al menos no en el placer verdadero.

Luego, el placer lo podríamos definir como una búsqueda interior en forma de viaje solitario, el cual se puede realizar acompañado, cuyo objetivo último es la experimentación subjetiva de nuestra esencia; donde la importancia no reside en el destino sino en el propio camino.

Mi color favorito es el verte

La tercera de las puertas siguió el curso de sus compañeras, dejándome así solo en la sala.

Preparado en posición de loto, cerré los ojos y respiré muy lentamente. Esperé hasta que no necesité esperar y se reveló lo que se tenía que revelar.

Ahí estaba la cuarta puerta, tan majestuosa como imponente, a la vez que simple y natural.

No tuve la necesidad de abrirla ya que nada más acercarme esta se destapó para mí.

Entré, y en esta última ocasión, ni la presencié ni la oí; pero sabía que estaba ahí, lista para ser encontrada.

Vuelta a mi mundo, me miré al espejo, me vi y aun teniendo los ojos cerrados podía notar como seguía habiendo luz.

Tomé una profunda respiración y me volví a ver, pero ahora de manera feliz y alcanzado por la misma iluminación que reposaba en mi interior.

Bajé a la cocina, besé a mi madre en la mejilla, choqué puños con mi hermano y le deseé un fantástico día a mi padre vía telemática.

Al salir de casa, sencillamente abracé a mi vecina y le hablé a su corazón:

Lo siento, mereces ser amada.

En mitad de la ruta matutina sentí la obligación de detenerme en el parque central de la ciudad; hacía un día estupendo y decidí tumbarme en la hierba un par de minutos antes de ir a clase.

Mi ascenso al nirvana personal fue interrumpido por el baboso lengüetazo de un perrito, el cual le siguieron las tímidas disculpas de su acompañante.

Anda, si eres el chico de la uni. ¿Qué haces aquí estirado de buena mañana? —me dijo mi amiga cafetera.

Vivir —fue mi respuesta.

¿Te molesta si me pongo a vivir un rato contigo?

—me preguntó en tono sonriente.

No, adelante, eso sí, el cupo de lametones diarios ya está cubierto eh.

Qué lástima. —me comentó guiñándome el ojo en un ficticio intento de flirteo.

Nos reímos tontamente.

No existía la casualidad en nuestro encuentro.

Todo, absolutamente todo, hasta el más mínimo pensamiento, sentimiento y acción de ambos a lo largo de nuestra vida nos había llevado a estar en ese mismo espacio, mismo tiempo y mismo universo.

El momento me indujo a empezar a tararear felizmente una canción, ella la continuó con su voz y al terminarse la misma, se despidió dando un baile de alegría por el parque.

A conveniencia de la naturaleza, nuestros "joie de vivre" pronto se sedujeron y con el paso de las emociones, la atracción llamó al enamoramiento y este a su hermano mayor.

Los riegos constantes de cariño afectivo dieron fruto a la entrega corporal.

No existía la vergüenza, ni la duda, ni las comparaciones, ni los tabúes, ni las expectativas, ni la crítica, ni los límites; no existía nada, salvo amor.

Nos fundimos entre nosotros, con la habitación y con el momento; nos convertimos en espectadores de nuestros cuerpos presenciando el célebre acto etéreo y dejamos de ser dos para ser uno, fuimos uno y luego todo.

No me di cuenta de lo sucedido hasta bien acabado el espectáculo, poseído de amor, fue como si hubiera vuelto a entregar mi virginidad.

La post-fase de enamoramiento y constante liberación de hormonas y feromonas no causó un efecto de bajón en nuestra relación sino todo lo contrario, nos dio impulso, más todavía, para seguir navegando juntos en el mar de la abundancia y la prosperidad.

La etapa de noviazgo nunca terminó de marchar, es más, cada vez que nos juntábamos nos convertimos de nuevo en esos dos

tortolitos inocentes del inicio de nuestra historia.

Construimos los cimientos a partir de los principios de la arquitectura sustentable y cocinábamos juntos la receta del amor mientras sonaban guitarras de bambú.

Me valía cualquiera excusa por un rato más de esos pedacitos de tiempo de calidad mientras desvelábamos el misterio de la vida próspera.

Probablemente no era la persona ideal para mí ni yo lo era para ella, pero, a pesar de ello, me encontraba enamorado de sus virtudes y más por sus defectos.

Lo único que importaba era que para mí era la más bonita y sabía de corazón que la iba a querer hoy y toda la vida.

Éramos iguales y a la vez diferentes.

Ella era mi princesa y yo su rey, ella era mi "gatita" y yo su "niño", ella era mi chica y mi mujer y yo su chico y su hombre. Siendo todos esos "mi" originados no por la posesión sino por la entrega y pertinencia.

Nuestro vaso nunca se encontraba ni medio vacío ni medio lleno; cuando teníamos sed bebíamos y cuando estábamos satisfechos lo llenábamos de nuevo manteniéndolo en constante plenitud.

Podíamos estar cada uno en la otra punta del planeta y, aun así, sentirnos igual de cerca como si cada día nos despertáramos juntos en la misma cama.

El único acuerdo entre nosotros era el de amarnos con locura y cada uno lo hacía lo mejor que sabía hacer y daba el máximo que podía.

El mundo seguía moviéndose mientras permanecíamos quietos y se paraba cuando estábamos en movimiento, pues siempre nos encontrábamos en el momento y lugar adecuados; y nuestra relación crecía mientras nosotros también lo hacíamos.

Cada día volvíamos a nacer como una nueva persona y nos encantaba redescubrirnos.

Extraíamosloextraordinariodelorutinarioyhablábamosun lenguaje que sólo podía entender el corazón.

Éramosunequipo,cooperábamos,colaborábamos,nos escuchábamos y nos dábamos seguridad, confianza y afecto.

Teníamos un fiel compromiso de pies a cabeza y de alma a corazón.

En el plano sexual satisfacíamos sensualmente todas nuestras fantasías pues éramos nuestros propios fetiches y nuestros propios dioses.

Desnudábamos nuestros templos, nuestra alma y nuestro corazón, dejándonos vulnerables para expresar tanto nuestros miedos como nuestros amores.

Éramos capaces de hacer el amor 24/7.

Nos follábamos con miradas penetrantes y nos erotizábamos con el uso implacable de las palabras, sacando a relucir nuestro lado más humano y sensible junto con el más animal y salvaje.

Experimentábamos con nosotros mismos y nos ayudábamos a autoexplorarnos y a conectar con nuestra polaridad sexual mientras realizábamos esas prácticas ancestrales.

—¿Mía?

Tuya.

¿Mío?

Tuyo.

A veces teníamos maratones de sexo diario y otras, no lo practicábamos en meses.

De la misma manera que el orgasmo genital a veces nos hacía compañía y a veces no, pues nuestro objetivo no era otro que nuestro niño y niña interior jugaran juntos y se lo pasaran bien; donde el goce, la conexión y el sabor del presente estaban asegurados y la pequeña muerte se convertía en la gran vida.

Nuestras relaciones íntimas eran capaces de adoptar cualquier forma que quisiésemos, desde nuestros "slowlys", como masajes tántricos y mimos de ternura, hasta sesiones de sexo duro con toques bedesemeros y un "Te amo" como palabras de seguridad; pues todas y cada una de las células del cuerpo se convertían en zonas erógenas dispuestas a inundarnos de satisfecha delectación. Gemíamos de la A a la Z.

Incluso, teníamos tanto amor para dar que a veces hasta incluíamos a terceros en algunos de los bailes.

Un omniverso hecho de amor placentero.

Pero no todo era idílico, nuestra relación era tan imperfectamente perfecta como nosotros mismos y, por supuesto, que había discusiones, enfados y alguna que otra crisis; pero no lo veíamos como problemas sino como oportunidades.

Oportunidades para hablar, crecer y volar juntos, tanto en las buenas como en las malas, donde nuestro conciliábulo personal se convertía en un proceso de conciliación, recibiendo nuestro merecido con actitud estoica y recogiendo las lecciones de la vida y de por vida, como alumnos y maestros al mismo tiempo.

Graduados en la mágica escuela del amor, manteníamos feedback constante en las reuniones de nuestra empresa corporativa y tras estudiar sobre la alquimia del amor, elaboramos y consumimos el elixir de la vida para convertirnos en campeones de la carrera de obstáculos de esta.

Todo este aprendizaje se trasladó a mis otros ámbitos personales.

Dejé de sentirme un paria social, esclavo de sí mismo, pues finalmente me sentía parte, parte de las conversaciones que mantenía, parte de las locuras que hacía con los amigos, parte de las comidas y reuniones familiares y parte de un núcleo con la persona que más amaba del planeta.

Solía pasear a menudo, eso me ayudaba a ver las cosas desde otra perspectiva; pero nunca lo hacía solo, o me acompañaba un ser

querido o lo hacía mi soledad.

En estas caminatas vitales se encontraban detrás mío los gemelos, autoconcordancia y autodeterminación, cogidos de la mano y a sus hombros, las mellizas conciencia y consciencia; y juntos éramos invencibles e imparables.

También solía plasmar algunos de mis pensamientos en papel y no podían faltar mis agradecimientos y ejercicios corporales de yogui al inicio o final del día y algún que otro mantra, visualización o meditación esporádica. Con todo ello, me sentía capaz de inmolarme de amor en cualquier momento.

Al dejar de buscar, apareció aquello que necesitaba, pues, cancelé mi travesía hacía la realización de la grandeza y vi cómo me bastaba y sobraba con el disfrute de los pequeños regalos que me iba ofreciendo la vida.

Por fin, el vacío se llenó, no de dinero ni placer, sino de entrega y amor.

Continuando nuestra historia, esta nos llevó a recorrer el mundo entero y cuando se nos quedó pequeño, continuamos viajando por las estrellas hasta alcanzar el horizonte del infinito. Queríamos seguir hacia delante y seguimos al Sol y nos regalamos la Luna.

Escalamos hasta lo más alto para acampar en nuestro lugar feliz y favorito formando un camino ameno y duradero; donde nuestro ikigai se volvió uno, pero a la vez, este se mantenía independiente en ambos mediante el respeto y apoyo mutuo.

Siendo pioneros del primitivo y primordial amor grabamos nuestra firma emocional en forma de token en el espacio, vibramos al unísono para sintonizarnos sin perturbaciones hasta alcanzar el apogeo de la supernova para transmigrar en un agujero negro y reconvertirnos en polvo estelar en ese anagenao que completó nuestro uróboros cuántico dentro del fractal de amor universal.

Del Edén al Paraíso atravesando los Campos Elíseos, sin pecado y con promesa inquebrantable, poniendo mano y corazón en el fuego dentro del amor verdadero.

Nuestras conversaciones formaban canciones de amor, nuestras aventuras, cuentos de ensueño y nuestras iniciales crearon una nota musical para que esta pudiera ser tocada por el instrumento de la sinfonía del amor.

Liberamos la pareja de artistas internos e inspirados por la musa amorosa hicimos que nuestra zona de confort abarcara el mundo entero y el universo se volviera nuestro particular parque de juegos mientras regábamos con nuestras lágrimas la flor de la vida y bebíamos del manantial de beatitud el maná de la esperanza.

Nos sentíamos tan ligeros como el aire, llenos de devoción y naturalidad. No necesitábamos nada el uno del otro y aun así parecía como si lo tuviésemos todo; pues cruzando el reflejo de nuestros ojos veíamos aquello que más deseábamos.

Nos hacíamos bien, nos queríamos sobre todo y sabíamos que al final "tot anirà bé".

Me sentía tanto telépata como psíquico del amor pues no la controlaba, pero hacía lo que quería que hiciera; desconocía sus pensamientos y sentimientos, pero sabía lo que pensaba y sentía en todo momento.

Rosa, ahora sí, amor de rosa.

Y al fin llegó el gran día, nuestro aniversario.

Nos encontrábamos exhaustos y llenos de júbilo tras la salida en velero y fin de semana romántico en una modesta cabaña en los árboles con su pequeño huertecito, nuestro nidito de amor.

Salimos de la furgo camper y fuimos a la playa a ver nuestro amanacer; aprovechamos la energía dada por el sol y estuvimos jugando un rato a vóley y entrenamos un poco de fuerza.

Juntos sobre el lecho de arena marina nos miramos, sonreímos y nos besamos.

Ella me preguntó y yo acepté. Yo le pregunté y ella aceptó.

Nuestra etapa culminó con el nacimiento de la vida, pues, como no, la vida se nutre de vida y esta emana amor sempiterno.

Pero no fue el fin, sino el comienzo.

El núcleo se hizo mayor y nuestra esencia se conservó en una nueva semilla que nos regaló el don de la inmortalidad y, sin que esta dejara de lado la pareja, empezó a crear una FAmilia.

Tras el hermoso suceso, la rueda del amor siguió girando en nuestro viaje sin detenerse ni un ápice de presente pues, como ya habrás apreciado, nos amábamos incondicionalmente.

Capítulo 7

Querer no es Amar Querer es poder y amar es Amar

La sabiduría está al alcance de aquél que supo morir tan seguro como nació; pues el sabio no teme y no necesita nada más que amor para alcanzar un estado de plenitud y felicidad positiva.

Pero no soy ningún sabio, ni espero serlo nunca. Simplemente he intentado que mi curiosidad innata no me fuera arrebatada de bien niño y, a diferencia del gato, no he muerto sino todo lo contrario; me he vuelto un ser con más vitalidad, energía y amor propio.

Alguien capaz de infundir aliento hasta el último suspiro, modales de pacifismo, alivio de la tortura y la angustia y consuelo del martirio y el padecimiento.

Alfa-beta-sigma, introvertido/extrovertido, eneatipo, signo del zodíaco, test psicológico,... Existen una infinidad de maneras de describir nuestra persona, pero al final la única que prevalece sobre todas ellas es nuestra opinión acerca de nosotros mismos.

La introspección no es un viaje para poder definirnos mejor sino uno para poder sentirnos mejor.

Todos seguimos un camino y vamos formando nuestra línea en este pequeño universo.

Las hay de muchos tipos: paralelas, tangentes, asíntotas, superpuestas,... pero sabes una cosa, no existe ninguna predeterminada, puesto que tenemos el poder de trazar nuestro particular destino y sincronizarlo con el de otra persona.

Eso sí, no podemos volver a pintar sobre algo ya escrito, pero podemos dibujar aquello que sentimos; tras hacerlo, observaremos cómo somos capaces de dirigir esa bonita y perfecta línea hacía donde esté apuntando nuestro corazón.

Amamos, luego existimos.

El amor no es solo una palabra, es la respuesta. Pues el amor soy yo, tú y todos nosotros.

♥ ULTÍLOGO ♥

Aprende a amar(te)

Tarde o temprano a todos nos llega ese momento en el que te replanteas tu existencia y te preguntas por el significado de la vida.

Te das cuenta de que eres un prefabricado hecho en molde por la sociedad; una fotocopia de valores y de ideologías sin sentido común que no te dejan ser tú mismo.

¿Quieres seguir siendo un sonámbulo social sin libre albedrío? No, claro que no.

Pues para salir de ese Matrix, tenemos que coger esa mochila emocional que cargamos, soltarla para así caminar más ligeramente y cortar ese "cordón umbilical" para poder "emanciparnos" de una vez por todas; ya que la única manera despertar de ese sueño es mirar hacia adentro.

¡Tómate todas las duchas frías o baños helados que sean necesarios para empezar a espabilar!

Y sí, te entiendo perfectamente.

Te cubres de un caparazón de ego, como si de capas de acritud de cebolla se tratase y te piensas que eso te hace más fuerte pero no es así; porque al final la fuerza la tienes tú, la llevas dentro de ti y si no la sacas dejas de fortalecerte y empiezas a debilitarte.

Habrá momentos en el que uno se sienta inundado por el ego, es normal, y es cuando toca darse un buen abrazo para poder expulsarlo, como si de una esponja mojada se tratase.

Y vas a cometer errores, errar es humano, al igual que acertar también lo es; lo importante es aprender tanto de lo bueno como de lo malo para saber hacia donde no avanzar. Así que no te quiero ver más cabizbajo.

¿De acuerdo?

Pasemos a hablar brevemente del sexo.

El sexo es MARAVILLOSO, pero somos nosotros quien tenemos el deber de hacerlo maravilloso.

Puesto que no es follar a, es follar con, no es hacer el amor a es hacer el amor y ya.

Recuerda que el sexo no es un ritual estático, tiene multitud de sesgos, y no empieza con los preliminares y termina con el aftercare sino que empieza desde el momento en el que conectas con esa persona y no termina hasta que los dos dejan de estar sexual(mente) activos y si hay algún que otro orgasmo cósmico por el camino, mejor que mejor.

Todos conocemos la principal función biológica del sexo puesto que estamos a merced de la tradición de nuestros genes pero por algo es naturalmente placentero, para que disfrutes y pongas toda tu pasión en el acto pues una simple sonrisa de amor puede ser mucho más poderosa que cualquier polvo descolorido.

Deja esa ansiedad de lado pues el sexo no está para impresionar sino para gozar.

No tengas miedo y abre tu sancta sanctorum a aquellos que creas dignos de acceder a él.

Además, no me niegues lo "cachondo" que se pone uno cuando está realmente enamorado pues la conexión interpersonal es el mejor lubricante natural y el lívido es una energía pulsional que sale de la que tenemos dentro.

Y ya que estamos te voy a dar un truquito para el futuro: "La mejor técnica de ligoteo que hay es ser quien realmente somos", puesto que ser tú mismo es lo más sexy que existe.

Total, hagas lo que hagas te van a criticar, así que, que mejor que hacer lo que a uno le dé la gana y le haga feliz mientras ello no interfiera negativamente en el camino de los demás.

En cuanto a las relaciones.

Estar en pareja es como una divertida excursión a la vez que una aventura desafiante, donde la zona de acción de ambos se junta y se hace más grande; dejándote listo para explorar, aprender y jugar.

Una relación no va sobre ti o sobre la otra persona, ni de tú y yo sino sobre ambos.

Pues un pilar fundamental en cualquier relación es la entrega mutua, la cual yo la definiría como esa sensación de ponerte de espaldas, cerrar los ojos y dejarte caer; donde te liberas de toda opresión y confías plenamente porque sabes a conciencia que te recogerán y estarás en buenas manos.

A veces uno puede sacrificarse por otra persona, pero eso no significa dar parte de nosotros sino regalar desinteresadamente nuestra energía.

Pues, aquí uno ni roba ni elimina la energía del otro, sino que es el responsable de emanar y ser el creador de la suya propia, como si fuentes de amor propio se tratase, para así poder compartirla y buscar el equilibrio mutuo; y recuerda que el amor no es ciego, pero si un poco miope a veces.

Deja de buscar y empieza a atraer, no vayas a la búsqueda de ese amor platónico, no existe, al igual que el amor a primera vista tampoco, aunque la conexión sí puede aparecer y es, cuanto más conoces a la otra persona, cuando más puedes enamorarte de ella pues cuanto más cerca estamos de algo más claro se ve todo. —

¿Cierto?

Déjate parafernalia románticas y orgonitas estrafalarias; lo importante no es lo que se ve, sino lo que se siente. Créeme que, si estás con la persona indicada, no necesitarás estar en un sitio paradisíaco y hacer planes de sibarita para encontrarte a gusto.

Así que olvídate de buscar esa nueva normalidad en pareja, pues:

¿Qué significa tener una relación "normal"?

Que alguien me lo explique, por favor, puesto que el mero hecho de estar juntos ya os hace especiales.

¿Te sientes libre en la relación y confías en esa persona? — Perfecto, vas por buen camino.

—¿Todavía no? —Pues abre todos esos melones que tienes en la cabeza.

¡Comunícate! Que nadie ha nacido adivino.

No entiendo porque nos da tanto respeto la palabra amor y el decir te quiero. Puesto que el amor no es eso que se ve en los enamoradizos perdidos de las películas románticas; ya que el amor adopta infinidad de formas y está en todas partes.

Love is in the air, right?

Así pues, si eres un agnóstico del amor, solo ten fe, lo bueno está por llegar.

Nunca digas nunca, ni tampoco siempre; solo dile que la amas como nunca y para siempre. Pues, puede que esta vez sea la primera vez; así que no vaya a ser que te fuera a tocar la lotería del amor y tú ahí sin coger billete y haciendo cola vete tú a saber donde para hacer vete tú a saber qué.

Y si ya la has conocido y esa persona está lejos en ese momento, tranquil@, tú sigue llamándola, sin la ll claro. Mira al mar y grita al cielo: — ¡Te quieroooooo!

Duele, y mucho, ese nudo en el estómago, esa presión en la cabeza y ese pinchazo en el pecho con el corazón cacoquimio. No todos los caminos llegan a Roma y ¿Qué más da? C'est la vie.

Lo importante no es hacia dónde te diriges sino con quién planeas la ruta, puesto que ya tenemos suficientes "problemas" en la vida para luego tener que "soportar" a nuestro "compañero de vida".

Y no hablemos de ese chantaje emocional donde tu relación y tu vida parecen una montaña rusa con ese ahora sí y ahora no.

¡No dejes que te mareen! O sí o no. Ya que, sin duda alguna, el amor es todo menos duda.

A diferencia del cerebro que pone la supervivencia en pos de la verdad, el corazón busca la verdad en las vivencias.

Por ello, hay que sacar el mejor partido a la plasticidad y dejar de condenarnos a vivir en el ayer, puesto que la memoria no busca recordar el pasado con exactitud sino ayudarnos a tomar mejores decisiones en el presente.

Y está bien tener esa caja de los recuerdos reminiscentes y esas fotografías que inmortalizan el momento siempre y cuando vivas aquí y no allá, mientras ames ahora y no después. No le debes nada a nadie ni nadie te debe nada a ti y si te sientes mal por algo, ahí es cuando entra el autoperdón en juego.

Y ten presente que un clavo no saca a otro clavo pues no es meter y sacar es querer y conectar. Así que no busques relaciones rebote sino tenerla en el bote, evitando que ese echar de menos se convierta en un recoger de más.

Sé un buen partido, que digo, el campeonato entero; un soltero de oro, honorable y autocompasivo capaz de ganarse el corazón y la vida de una persona y poder formar una unión donde su dolor es tu dolor, su placer el tuyo mientras se comparte el amor de ambos.

Huir es abandonarte, y si crees que no puedes avanzar y te encuentras con la puerta cerrada, piensa que la "llave" siempre ha estado debajo de tu "felpudo".

Saber decir adiós es igual de importante que saber decir te quiero; puesto que estar en pareja, repito, es una ELECCIÓN.

Aaah! Y no te olvides que fuera de la pareja existe más "vida alienígena", ergo: familia, amigos,...

Valora todos los momentos, tanto en relación como fuera de esta; no hay ninguna ley que te obligue a dormir todos los días con tu pareja. Cada uno de nosotros necesita su espacio y tiempo, tú solo respétalos y ya verás lo "unidos" que os sentiréis al hacerlo; prioriza

la calidad antes que la cantidad (válido para todo, ya me entiendes pillín).

¡Ay, la tan ansiada felicidad!

No se puede estar siempre surfeando en la cresta de la ola, a veces el mar está más calmado o agitado, pero obviamente si estamos parados tampoco avanzamos.

Tenemos un círculo de influencia y todo lo que NO dependa de nosotros NO debe preocuparnos puesto que NO podemos hacer nada para cambiarlo y si tratamos de hacerlo nos puede llevar a la frustración; así que empieza a ~~dejar de pre~~ocuparte y a ser más proactivo.

¡Todo suma!

A nivel personal he de decir que era una persona que no solía repetir nada en mi vida.

Por ejemplo, si iba a un restaurante una vez ya no volvía de nuevo, tras ver una película ya no la volvía a ver más y si quedaba con una mujer y "triunfaba"; raramente volvía a quedar con ella.

Siempre me encontraba insatisfecho, pues me era imposible sentirme realizado dentro de mi cuento de hadas apartado de toda realidad.

Madre mía, que estúpido era en aquella época, tenía esa ilusión de ilusiones en mi cabeza junto a ese distrés antinatural y no me daba cuenta de que tenía todo lo que quería y necesitaba.

Pero bueno, al final con un largo viaje y trabajo de desarrollo personal reparé en que ningún momento es irrepetible y hasta lo más monótono se puede volver algo nuevo según como se mire.

A través del minimalismo aprendí a vivir más con menos pues la riqueza interior no se alcanza al tener más sino al necesitar menos.

Y es que mira que hasta que uno no cae en la cuenta realmente de que el tiempo es de lo más valioso que tenemos, como un reloj de

arena intransferible y limitada, no está viviendo realmente; pues tenemos toda la vida para vivir y solo un instante para morir.

Así pues, dejando de lado esa cronofobia, qué le dirías a tu yo del pasado para convencer al del futuro de que viva el presente.

Cada uno tiene su "ritmo" en la vida, así que haz la tuya, nadie puede ni va a vivir por ti y hasta que nos demuestren lo contrario vamos a asumir que solo se vive una vez, por tanto:

¿Cómo sería tu vida si no tuvieras miedo?

¿Qué harías si te quedara poco tiempo de vida? ¿Qué diría la gente en tu funeral sobre ti?

¿Vas a vivir con arrepentimientos? ¿Vas a perderte la gran oportunidad que te brinda el estar vivo?

No te puedes permitir el "lujo" de desperdiciar tu vida. Es lo único que no te voy a dejar hacer, no señor.

Fuera esa competitividad y ese resentimiento que no te deja albergar ese reconocimiento que te mereces; puesto que no necesitas ni la flecha de Cupido, ni la sexualidad primogénita de Eros ni el amor y la belleza de Venus o Afrodita para trascender en este mundo.

No hay que ser experto en ontología ni entender la psicoesfera del comportamiento, ni hace falta tengas un doctorado de la vida ni que seas una eminencia de la felicidad para ~~poder y saber~~ amar y vivir.

Así que deja de lado las banderas; la inclusión social viene de la mano de esa buena vibra propia, pues, todos sonreímos en el mismo idioma.

¿Verdad?

Y, por favor, nunca pierdas esa motivación intrínseca y empieza a ser ese orador con el manifiesto de:

¡SÍ al amor!

Y celébrate a lo grande en la fiesta de la vida. Pues nunca es tarde para cumplir tus sueños.

Pasa de la vacación indefinida a la vocación correspondida. Nadie te exige estar en el salón de la fama; tú simplemente sal al escenario,

saca a relucir tus artes y empieza a danzar en el teatro musical de la vida antes de que se cierre el telón.

Déjate de conflictos esotéricos y cinismos herméticos y desenvuélvete con esa eubolia y ese agílibus a la hora de moverte por la vida y ya lo tienes; pues esa pugna interna cesará y te sentirás como "en casa" en todo momento, pues el hogar está donde estamos nosotros y el amor se encuentra por doquier.

Es hora de actuar.

Sal del letargo, ponte en modo zen, no dejes que el azar o la suerte determinen tu vida y recuerda que la mejor inversión que puedes hacer en la vida eres tú.

Ni pifostios ni sindióses que te lleven a una dimensión desconocida; no esperes a la estrella fugaz para cumplir tus deseos y empieza a escribir y tachar cosas de tu "bucket list".

Vuélvete un amante de la vida, que son dos días.

¿Qué prefieres verte guap@ pero que los demás te vean fe@ o verte fe@ y que los demás te vean guap@?

Deja de comportarte como un hipócrita, eres precios@ tal y como eres, un diamante en bruto; puesto que tenemos todo ese potencial eudaimónico en nuestro interior, lo que pasa es que es justo ahí donde nunca se nos ocurre mirar.

La salud es importante, no lo es todo, pero sin ella todo lo demás se convierta en nada y es que como suele pasar con las cosas más valiosas de la vida, no las apreciamos hasta que las perdemos.

Empieza a cambiar esos "medicamentos" puntuales por unas herramientas permanentes para lidiar con ese desgaste emocional, afrontar la adversidad y poder arraigar fuertes vínculos.

Pues esa hormesis y tolerancia social nos detoxifica y permite una correcta alostasis de nuestro organismo puesto que eres lo que comes, piensas, haces, sientes y experimentas.

Y si ahora mismo no tienes ningún dolor ya puedes sentirte privilegiad@.

Sé agua; pasada, presente y futura.

Empieza a fluir en el ciclo de la vida, pues hay que dejar de ~~mal~~vivir a través de ese gran hermano inclemente y fanático del adoctrinamiento y del lavado de cerebro; el cual no hace más que formar sindemias sociales y distopias personales mediante el culto al ego y al "yo-ismo".

Y lo siento si me he puesto un poco bastante "místico" y poético al relatar mi historia, pero no podía expresarlo de otra manera, así me ha nacido hacerlo mientras escribía estas palabras, cuya finalidad es la de echar raíces "ecosostenibles" en esa Ánima-mundi que nos envuelve, donde ayudar a alguien es ayudar a todos, y así aportar mi granito de arena al transcurso de la historia de la humanidad.

Y termino diciéndote, de corazón a corazón, GRACIAS, mil gracias por dedicar tu tiempo a leer este escrito.

Te mereces toda la felicidad de este mundo, te mereces amar y que te amen y para ello solo necesitas una cosa: AMArte.

Milton Keynes UK
Ingram Content Group UK Ltd.
UKHW021813010124
435297UK00016B/947